JN495327

晶竹詩集 ❷

2019

晶竹

한림원 출판사

윤권이를 위하여
할아버지가 시집을 낸다.
건강히 잘 자라고 늘 늠름하고
자신감 있고 정직하게.

서문

사 년 여 전 정죽시집 한 묶음 먼지 털어
5월 장미의 계절에 시집 2를 낸다.
윤권이 시연유치원 입학,
핏덩어리 윤권이 오늘 날까지 돌봐주시다
유치원생 되어 큰 보람 느끼시며
떠나시는 문여사님,
시계를 4년 전으로 돌리는 Back to the Future
영화 같은 감이 든다.
매일 매일 생활에 어떤 순간 감정에 얽히면 생활
일기 같이 적어두었던
적라라한 나의 과거를 본다. 어떤 구애도 받지
않고 나만의 언어로 천진난만하게
적어 놓은 내 형식의 시.
나만이 가진 체취…
2019년 일년 동안 쓴 시를 윤권이 편 그 이외편
두 편으로 정리하였다.
철자 등 많은 교정을 해주신 종친 택원 어르신께
감사드린다.

늘 긍정적 음성으로 내 시를 음미해 주시며
주옥같은 글로 보내오신
옥천 고향의 김묘순 시인 교수님께 감사드린다.
늘 긍정적이시고 도와주시는
한림원 출판사 김흥중 대표이사님께 감사드립니다.
편집을 해주신 한윤서 선생님 표기 등 디자인을
해주신 조선영 선생님께 감사드린다.

2024년 5월
정 죽
송파 장미의 언덕에서

목차

총 53편의 시 목차는 각 편의 간지에 서술하였음.

■ 축 발간

깊은 서사가 있는 내면 풍경

김 묘 순 문학박사

온통 윤권이의 서사로 가득하다.

이 서사는 윤권이에 대한 사실만 나열하거나 자랑에 치우치지 않는다. 진솔한 손자 사랑 이야기이다. 그렇기에 이 시집을 읽는 독자가 지루하지 않다.

오근호 교수님은 말하는 주체 즉 화자를 자신으로 설정한다. 시적 상황에 맞게 허구적 대리인을 지명하지 않은 것이다. 이것이 그만의 시적 특징이고, 학문을 향해 늘 진실하고 겸허하셨던 모습을 엿볼 수 있게 하는 가늠자 역할을 하게도 한다.

손자 윤권이! 화자에게는 우주의 중심축이다. 우주에는 질량을 가진 모든 물체 사이에 작용해 끌어당기는 우주 인력이 존재하듯이, 화자에게도 윤권이라는 인력이 작용한다. 윤권이라는 인력이 시적 화자에게 불어넣은 서사는 시가 되었다. 그뿐만 아니라 화자는 윤권이를 통해 정서적 궁기를 몰아낸다. 쾌적하고 아름다운 삶을 선물 받기도 한다. 인생 최대의 선물이다.

윤권이가 일곱 달 되던 때부터 길러주신 문 여사에 대한 감사(「문 여사」)한 마음을 담았는가 하면, 대부분 윤권이가 유치원 때 모습을 담고 있다.

문 여사와 산보하며
윤권이 시연 유치원 걸어가 보았지만
깊이 닫힌 철책 문 들어가지 못했다

－「윤권이 유치원 가는 날」 중에서

시적 화자는 윤권이를 유치원에 보내놓고 윤권이가 보고 싶어서 유치원으로 향하지만 끝내 보지 못한다. 안전을 이유로 문이 닫혀 있었기 때문이다. 화자는 보고 싶은 마음을 절제하며 되돌아온다. 불평하거나 지루한 서사를 늘어놓지 않는다. 이러한 시적 갈무리는 그만이 가지는 깔끔하고 정결한 모습을 관찰하게 한다. 참 잔잔하다.

옥천 이원 용방리
윤권 애비 수환이 32세와 나 둘이서
한식 청명 성묘 간다
윤권이 33세 크면 할아버지하고 같이 성묘 가지
윤권이 응한다

－「성묘 가는 길」 중에서

충북 옥천군 이원면은 송시열이 태어난 곳이다. 그곳 언저리에 우아하고 성대한 산소들이 잘 정비되어 있다. 이곳은 부유와 거대함 그리고 역사적 영향력이 유추된다. 그런데 그곳이 오근호 교수님과 연결된 곳이었다. 이곳으로 성묘에 나선 화자는 증조부부터 윤권이까지 호명하여 시속에 등장시킨다. 시적 화자의 "할아버지하고 같이 성묘 가지"라는 제의에 윤권이는 선뜻 긍정의 대답을 준다. 밝은 미래를 보고 있는 듯하다.

오근호 교수님은 고향을 그려놓기도 하였다. 시(詩)속 고향은 옛일을 회상하였지만 '그립다'고 호소하지 않는다. 이렇게 단단한 절제가 그의 시적 매력이기도 하다.

채마 밭 담벽에 걸려 있는
승배네 큰 살구나무
이른 여름 이맘때 아침마다 우리 집 텃밭에
살구가 떨어져 있다

승배가 아침에 주어 갈 가
아침 일찍 눈 비비며 쪽문 열고 텃밭에 가도

언제나 승배가 다 주어가 살구는 없다
「살구」 중에서

화자는 실구를 보며 어린 시절을 떠올린다. 새벽잠 없는 승배가 살구를 다 주워가서 번번이 빈손이었던 화자. 나중에 인정 많은 승배 어머니가 전해주던 살구 몇 개. 그 살구는 화자의 가슴을 적시며 좋은 시적 소재가 되었다. 이렇게 인정을 익히며 자란 화자는 윤권이에게 그 인정 쏟으며 지내고 있다.

오근호 교수님의 진솔한 내면 풍경이 숨 쉬는 시집을 보니 저절로 숙연해진다. '윤권이'의 행복, 오 교수님의 건강과 문운을 빈다. 존경하는 오근호 교수님 시집에 졸고를 실어주셔서 고맙고 영광스럽다.

제 1 편

윤권이 세상의 모든 사랑

序

내가 느끼고 생각하고
움직인 흔적
하나의 글의 기록
내 마음의 영상
적나라한 나의 모습
2018년 정죽시첩1 탄생
어언 일 년이 흘러
또 하나의 정죽시첩이 메아리 친다
울타리 안에서
나의 말은 서정에서 사실로 더 승화했나
내 표상의 변화 진화
마음의 표현 극한 自由度
정죽 시 영원히 흐르리
영원토록
마음 느낌이 고갈될 때까지

(2019년 12월)

윤권이 6살

오늘 2019년 1월 1일 윤권이 여섯 살 되는 날
낳아서 잠만 자던 윤권이
눈 맞추고 생글 생글 웃던 윤권이
이제 여섯 살
삼월엔 유치원생이다

천방지축 까불고
혼자 밥 잘 안 먹고
밥 먹다 응가하고
쉬도 도움 필요하고

천진난만한 윤권이 유치원에 간다 3월에
늘 누구에게나 존댓말 쓰고 예의 바른 윤권이
모든 것에 호기심 많고 기억력 투철한 윤권이
독립심 강하고 기발한 창의력으로
늘 혼자 잘 노는 윤권이
트니트니 놀이학교 잘 적응하듯
훌륭한 유치원생 된다

늘 명랑하고
친구 그리워하는 윤권이
유치원에서 재미있는
매일을 보낸다

이 모든 것
윤권이 여섯 살에 시작이 된다.

(2019년 1월 1일)

윤권이 유치원 가는 날

윤권이 시연유치원 예비 소집날 오늘이다
에미 손 잡고 집 근처 시연유치원 걸어간다
어린이집에서 친구들과 어울리며
놀고 싶어 하던 윤권이
오늘 유치원에 가서 친구 만나고
선생님 만나려고 마냥 좋아서 뛰어 나간다

문 여사와 산보하며
윤권이 시연유치원 걸어가 보았지만
깊이 닫힌 철책문 들어가지 못했다
윤권이 오라고 문 활짝 열어 놓았다

유치원에서 윤권이 '조개'반 배정받았다
윤권이 유치원을 시작으로
교육의 긴 여정의 문에 들어섰다

윤권이 건강하게 명랑하게 구김살없이
시연유치원에서 씩씩하게 잘 자라라

(2019년 2월 21일)

문 여사

문 여사님 오늘 그 긴 감사했던 여정 마감한다
윤권이 일곱 달 되던 2015년 5월 어느 날
보에 싸인 우리 윤권이 안아 주셨다
9시 30분 늘 변함 없이 미성아파트 5동 1002호
윤권이 집 찾으셔
똥 오줌 기저귀 갈아주시고 삼시 세 끼 먹이고
간식 먹이고
낮잠 재우고 목욕 시키고
언제나 윤권이 책 읽어 주시고
떼쓰고 말 안 듣는 윤권이
한 번도 혼내키지 않으시고
애정 어린 설득으로 윤권이 기르셨다
낮에는 화단 산보하시고
여름엔 매미 잡으러 다니시고
래미안 한양 삼익 송이 공원
이 동네 놀이터 다 섭렵하시고
윤권이 사랑과 지극정성으로
문 여사님 손길로 자랐다

아마도 윤권이가 귀여워 그리 하셨으리라
4년여 세월 눈깜작할 사이 흘러
윤권이 어언 시연 유치원 원생이 되었네
보에 싸여 생긋 웃던 윤권이
이젠 윤권이 “아우아 고마워” 또 만나 하는구나

문 여사님 늘 건강하시고 좋은 일만
가득하시기를…

(2019년 3월 29일)

성묘 가는 길

고조부님 휘 명준부터 휘 기경 숙부님까지
우리 관북공파 어른들 고이 잠드신 곳
옥천 이원 용방리
윤권 애비 수환이 32세와 나 둘이서
한식 청명에 성묘 간다
윤권이 33세 크면 할아버지하고 같이 성묘 가지
윤권이 응한다

1910년 10월 증조부 휘 상규 28세
옥천에 터 잡으시고 할아버지 29세 휘 윤묵
아버지 30세 휘 기억 옥천에 뿌리 내리고
해주오씨대종회서
'관북공파 옥천문중'으로 지정해 준 곳

화창한 봄날 애비가 운전하고 선영으로 성묘 간다
할머니 정성껏 싸 주신 제물로 조상님께 잔 올리고
마음과 정성으로 참배한다

(2019년 4월 6일)

킥 보드(kick board)

킥 보드
윤권이 교통 수단
유치원 등원하는 윤권이
아침 길 킥 보드 타고 가네
한 쪽 발로 밀고 두 발 올려 놓고 비호같이 달린다
S자 그리며 기교도 부려 코너 링 잘한다
엉덩이 실죽 옆으로 빼며 몸 균형 조정한다
킥 보드 타고 유치원 가는 길 윤권이 즐겁기만 하다
쏜살같이 달려 유치원 문 앞에 순식간에 당도한다
유치원 한 쪽 옆 킥 보드 주차장
오윤권이란 이름 써 있는 윤권이 킥 보드
잘 정돈해 놓고
하교 할 때 할머니와 킥 보드 타고 집에 온다
오늘 하루도 킥 보드 수고 했어

(2019년 4월 23일)

소풍

오늘은 윤권이 유치원서 첫 소풍 가는 날
미사리 조정 경기장으로 간다
윤권이 소풍 가서 뭐 봤어
큰 바다 보았어
넓은 한강 윤권이에겐 큰 바다였으리

에미가 정성스레 싸 준 도시락
소풍에서 더 맛있었다 한다

교통안전 어린이 교육도 받는다
파란 불일 때 손 들고 횡단보도 걷는다

윤권이 탄 소풍 버스 3시에
윤권이 어린이 도서관 맞은편에 도착한다
윤권이 할머니 손 잡고 집에 온다.
손 씻고 피곤한지 곧 곤히 잠들었다

(2019년 5월 9일)

윤권이가 아파

윤권이 어제 이른 저녁 낮잠으로 시작하여
아침 유치원 가는 시간까지 잠을 잤다
눈 떠 아침 밥상에 에미 품에 안겨 몇 술 뜨고
기운 없이 쏘파에 눕는다
얼굴도 창백하다

애비 에미 안타까운 심정
윤권 어떻게 위로할까 참담한 마음
배 아프다 침대에 누운 윤권이
애비 윤권이 배 쓰다듬고
주문 외듯 천지신명께 빈다
아픈 윤권이 가엾고 마음 쓰라리다

목요일마다 조선일보 새로 난 어린 아기 얼굴 보며
아 애기 이뻐 천진난만한 마음 드러내는 윤권이
동생은 아픈 형아 어떻게 위로할까
형이 아파 동생도 마음이 아프리라

병원에 애비가 안고 다녀온 윤권이
깨어나서 평소같이 잘 논단다
깨어났다는 애비의 전갈
마음의 안도
기쁜 마음 하늘을 찌른다
삶의 생기가 난다

윤권이 우리 모두의 모든 것
부디 윤권이 늘 푸른 오월 되거라

(2019년 5월 23일)

미니 수박

윤권이가 열이 나고 기침을 해
화요일 수요일 유치원 결석했다
윤권이 주려고 키위 사러 롯데마트 들렀다
마트 문 앞에 놓인 동그란 미니 수박
윤권이 좋아하는 미니 수박
한겨울에도 대성마트 서성대며
수박 사 달라고 조르는 윤권이
윤권이 동그란 수박 너무나 좋아한다
윤권이 열 기침 떨어지라고 놓인 미니 수박
윤권이 '미니수박' 들고 다니며
장난감같이 잘 가지고 논다
상표엔 '애플수박'이라 써 있다
윤권이 애플 수박이라 읽고 애풀 사과라 한다
애플 윤권이 첫번에 배운 영어 단어
애플 당연히 사과이지
미니수박 가지고 놀고 다니며 생기가 난다
열 기침 다 떨어졌다

(2019년 6월 5일)

윤권이 유치원

윤권이 오늘 유치원 가기 싫단다
윤권이 일거수 일투족 집안 분위기 창조한다
윤권이 말 한마디 손가락 하나 움직임 쉬하고
응가하는 것
윤권이 밥 먹는 것 간식하는 것 글자 읽는 것
책 읽는 것
우리를 기쁘게 하고 슬프게도 한다

여러 애들이 때로는 유치원 안 간다 한단다
그런 것 없이 지나갈 줄 알았는데
윤권이한테도 오는구나
집안은 무겁게 가라앉았다

에미 유치원에 연락하니 그런 때는 보내지 말란다

윤권이 선생님 혼내키면 무섭단다
윤권이 유치원 친구들은 좋아
유치원이 재미있고 좋단다
오늘은 가기 싫단다

(2019년 6월 28일)

윤권이 할아버지와 유치원 가던 날

윤권이 오늘 할아버지와 같이 유치원 간다
할아버지 손 꼭 잡고 상기돼서 쳐다본다
윤권이 할아버지와 유치원 가고 싶었다
할아버지도 같이 가고 싶었다
그 바램이 오늘 이루어졌다

윤권이 킥 보드 힘차게 밀어 유치원으로 전진한다
눈 밝고 벌레에 관심 많은 윤권이
땅에 떨어져 꼬물대는 매미를 보았다
매미를 본 윤권이 흥분해 있다
매미는 윤권이가 가장 호기심 갖는 곤충이다
한여름 매미 우는 소리 많이 그리워한다

유치원에 도착하여
발 빠르게 실내화로 갈아 신고
자기 신발장에 신발 넣는다
가방 메고 도시락 가방 들고

이층으로 비호같이 달려간다
할아버지 부르고 크게 한 번 웃는다

유치원 내부
선생님 원장 선생님
모두 궁금하고 보고 싶었다

윤권이가 그 공간 그 환경에서
어떻게 생활하는지…

(2019년 7월 5일)

신비 아파트

신비 아파트
깊은 사연 간직한 기묘한 귀신들 출몰하는 곳
죽은 한 풀려 괴이한 형상으로 나타나
괴롭히고 싸우고 잡아가는 공포의 도가니 신비 아파트

귀신들 한 맺힌 원한 풀어 주고
승천하게 도움 주는 성스런 곳
신비 아파트

하늘로 떠나며 남겨 주는 귀신들의 초능력
주인공들 신통력으로 재무장하는
변화무쌍한 촌극

신비 아파트의 귀신들 형상들
혐오스런 파충류 공포스런 괴력의 공룡
자극적 생물체들
윤권이 자극하고 호기심 촉발시킨다

신비 아파트 윤권이의 창의력 증진시킬까

(2019년 7월 5일)

생일 선물

오늘은 할아버지 만80살 생일
윤권이 만든 값진 생일 선물

윤권이 미술학원 가서 구상하고
저녁 할아버지 생일 만찬 식탁에서도
봉피양 고기 먹으며 생각하고
할아버지 생일 선물 축하하고 싶은 갸륵한 마음

집에 와 에미와 Clay로 구상한 작품을 선보였다
부라운 케익 위에
할아버지 좋아하는 키위 세 조각 얹어 놓고
케익에 꽂아 놓은 촛대 불
할아버지 사랑한다는 Heart 모양 심어 놓고
촛불은 빨강 노랑 조화로 사랑과 진심을 나타내고

윤권이 사랑의 생일 선물
그 위에 더 높은 선물 없다

(2019년 8월 19일)

생일

오늘 만80이 되는 내 생일이다
출근하는 윤권 에미 일찍 일어나
집안 내력 잘 지켜 미역국 삶은 달걀 하나
고맙다

오찬에 대학 동기동창 초대해 평양면옥서
냉면 한 그릇 평양 만두 제육 포식하고
오 분 거리 슬슬 걸어 태극당 당도해 팥 빙수 먹고
이진성 동문 준비한 생일 축하 떡
감사한 마음

저녁에 애비 에미 마련한 봉피양 생일 만찬
윤권이 봉피양 고기 잘 먹는다
할머니 할아버지 소주 한 병

저녁에 생일 축하 케익 세레머니
윤권이 할아버지 무릎에 앉아 촛불 끄고
유치원에서 배운 Happy Birthday 노래한다

윤권이가 깊이 구상하고
정성껏 만든 Clay 생일 축하 케익 선물로 준다
윤권이 할아버지를 마음으로 사랑한다

2009년 8월 19일 할아버지 만70세 되던 날
미국 Boston에서
Boston 친구들 다 골프에 초대해 좋은 시간
가졌다

나이 80인 오늘 윤권이가 있어 기쁘고
인생의 의의를 느끼고 또 되새김하는구나

십 년 뒤 2029년 8월 19일 오늘
윤권이에게 할아버지가 값진 선물 줄게
그때

(2019년 8월 19일)

꽃게

영종도 한 쪽 끝 을왕리
어부가 운영하는 꽃게 집
윤권이 싱싱한 꽃게 만져 본다
푹 쪄 온 붉은 색 꽃게 탐스럽다
흰 꽃게 살 손으로 뜯어 먹는다
윤권이 꽃게 살 단 맛에 빠져 있다

을왕리 꽃게 집 찾아 가던 날
인천 차이나 타운 좁은 골목 지나
월미도 길에서 만난 화가
윤권이와 할아버지 초상화 그리고

애비 볼보도 싣는 큰 훼리배 타고
갈매기 밥 주며 멀리 돌아 돌아
당도한 곳 을왕리 꽃게 집

긴 여행 지친 몸 꽃게가 다 풀어 준다
꽃게가 준 값진 여행

(2019년 8월 24일)

다래끼

윤권이 이쁜 눈에 다래끼 났다
눈이 이뻐 시기하는가
오랫동안 빨간 다래끼가 윤권이 괴롭힌다

균 묻은 손으로 눈 만지면 다래끼 난단다
늘 코 막혀 코 후비는 윤권이
그 손으로 눈 만져 다래끼 났는가

신 안과 원장 선생님 수술하라 권하지만
할머니 에비 누구도 수긍하지 않는디
유치원 선생님 원장선생님도 다래끼 걱정이시다

아산병원에 가 진료 받은 윤권이
한 달 후 다시 오라 하신다
그동안 자연 치유되길 간절히 염원한다
한 달 후 다래끼 그냥 있으면 수술을 하신단다
다래끼 그것이 무엇이 문제야
귀엽고 활달하게 언제나 잘 뛰어 노는 윤권이에겐

(2019년 11월 22일)

윤권이 감

시연유치원 정원에 감나무 한 그루
3월에 윤권이 유치원에 입학하니
감나무 윤권이 환영한다
윤권이 무럭 무럭 명랑하게 유치원에서 자랄 때
감나무 잎 나고 꽃 피워 윤권이게 자랑한다
긴 여름 방학 윤권이 집에서 놀 때
감나무 윤권이 보여 주려고 감 둥글게 많이 커
졌네
개학하고 윤권이 유치원에 가니 크게 자란 감
웃으며 윤권이 반긴다
가을이 되니 감 잎 하나 둘 떨어지고
빨간 홍시 되어 윤권이 먹으라고 한다
윤권이 재미있게 감 따서
할아버지 드시라 가지고 왔다
감나무야 내년에도 윤권이와 잘 놀아라
감사하다

(2019년 12월 20일)

윤권이 선물

윤권이 방 앞에 쌓인 선물
싼타 할아버지 선물

할아버지 아프다고 물수건 머리에 얹어 주고
물 티슈로 방 걸레 치는 윤권이
하늘 높이 계신
싼타 할아버지 다 아시고
윤권이에게 선물 주셨다

윤권이 작은 손이 바쁘게
선물 뜯는다
마지막 선물 상자
윤권이가 그리도 바라던
트로피

"1등 아들 오윤권"이라 쓰여진 값진 트로피
1등만이 받는 상 트로피
윤권이가 1등 아들이 돼

트로피 상을 받았다
어느 날
윤권이 유치원에서 와서
나도 트로피 갖고 싶어
트로피는
1등 우승자의 상
윤권이 1등 아들 돼
오늘 트로피 받았네
한손에 트로피 쥐고 기뻐하는 윤권이

크리스마스
윤권이 날
메리 크리스마스
윤권이 만세

(2019년 12월 25일)

윤권이 장갑

조선일보 통일재단에
매월 일만원 송금하는
윤권이
오늘도 윤권이 할아버지 손 잡고 하나은행 간다
은행가기 전 문방구 들러
장난감 하나 사고
언제나 할아버지와 외출 즐거워한다
할아버지 윤권이와 걷는 길 발걸음 가볍다
할아버지 추운 날 윤권이 장갑을 길에 떨궜다
한참 걷다 윤권이
할아버지 손 시려 한다
칠칠맞은 할애비
추운 겨울날 윤권이 얼마나 손 시려울까
가슴이 아프다

(2019년 12월 27일)

제 2 편

아름다운 세상

반딧불

신건철 화백 한 폭의 그림
여름 밤 반딧불
여름 밤의 상징 반딧불
신비로운 반딧불
잡으려 해도 잡히지 않는 반딧불
반딧불 있는 밤
깊은 풀 냄새 풍긴다
풀 냄새 맡으며 반딧불 쫓는다
반딧불 쫓으며 한가로이
여름 밤 지낸다
반딧불 잡히지 않은 영원한 수수께끼
반딧불
마음에 고이 간직하리

(2019년 1월 2일)

비 오는 거리

한 폭의 신건철 화백 그림
비 오는 거리 우산 쓴 연인
베토벤 피아노 소나타 비창
들으며 그림 감상한다

우산 쓴 연인들 삶의 풍광
비 피해 주는 우산 최소 공간
최대 행복 준다

빨간 옷 입은 여인 밀착된 공간 속삭이는 대화
뚝뚝 떨어지는 빗소리 피아노 건반 소리

비 오는 거리에 걷는 연인들의 신작로
인생길 행로

불후의 명작

(2019년 1월 2일)

ISEPD 20년

ISEPD 이수완의 靈魂
혼이 담긴 봉사
20년의 긴 세월 혼신의 역작
이수완의 포용력 아량 Leadership이
오늘 ISEPD 20년을 맞는다

천안 벌판서 일본 중국
곤륜산맥 넘어 베트남 인도까지
ISEPD 세계 방방 곳곳 찾아가 회합한다
지구가 좁다

ISEPD 세계 두뇌들 모여
E : Eco-Material 논한다
우리의 후손 인류를 위하여

ISEPD 20년을 원년으로 다시 20년 그리고
영원히 이어질지어다

(2019년 1월 4일)

꽃

신건철 화백의 꽃 그림
아름답고 화려하다
보라색 꽃을 그리는 화가
화려한 꽃을 그리는 마음
구김 없는 마음
꽃에 마음이 흐른다
화려하고 곱게
보라색 튜립
정숙한 꽃
불후의 명작

(2019년 1월 11일)

두 할머니

아침 출근 길에
석쇠 위 가래떡 밤 굽고
땅콩 옥수수 삶으며
오손 도손 장사하는 두 분 할머니

이 두 분 할머니 보이지 않아
염려되어 수소문하고 싶었다

오늘 두 분 할머니 그 자리에 앉아 계셔
굵은 석쇠 자국 가래떡
한 입 물었다
옛날 옥천에서 먹던 그 가래떡 맛

어디 다녀오셨나요
아니 추워서 며칠 쉬었어
마음에 안도를 느꼈다

(2019년 1월 22일)

민테크

민테크 큰 공간에
내 삶이 머물던 곳
오늘 내 소유물 내가 떠난다
동료 이봉근 이사 퀵으로 내 짐 보내고
카카오 택시 불러 범양빌딩 앞 현관서
작별 인사한다 이것이 정녕 이별이다

한국민테크 6년 7개월
수환이 결혼하고
윤권이 출생하고
정죽시첩 내고
결정성장 책 펴 내고
고맙고 감사한 민테크

내가 있었던 곳 민테크
성스러운 聖地로 승화하기 기원한다

(2019년 2월 28일)

雅量(아량)

진정한 아량은 겸손이다
겸손은 마음을 여는 행위
겸손은 남을 인정하는 어려움

겸손 따스한 온기 냄새 없는 향기 평온한 색갈
마음에서 나는 소리 독한 내면 전쟁
아량

해 바뀌어 새 날 여는 날
세운 목표 실천 못한 계획
처절한 마음의 비애

목표 없이 지내는 나날
주위에서 일에 孤戰奮鬪(고전분투)
쌓이는 최선의 결과
인생의 희열인가!

인생의 계획도 없이
방향도 없이 길 걷는다
비참한 인생 행로

2019년 삶의 목표 雅量
내면적 무한한 갈등
매일 생활의 반추
행동의 후회
괴로운 마음의 상처

방향 설정하는 이정표
고뇌가 기쁨이다

내 생활이 아량이다
늘 번민의 세계가 있어

(2019년 1월 29일)

나 혼자

접혀진 빨간 우산 한 폭의 그림에
내 영혼 다 빨려들어 간다
나 혼자 보면서

나 혼자 조용히 눈 감고
나 혼자 본다

나 혼자 조용히 숨쉬고
본다

먼 산 언덕
나 혼자 본다

나 혼자 푸른 하늘 바라보고
나 혼자 산 너머 무지개
본다

(2019년 2월 28일)

흙 길

흙 길에 삼나무 일 열로 서 있다
시냇물 흐르는 흙 길

흙 길 삼나무 걷는다
흙 냄새 맡으며
꾸미지 않은 순수함

삼나무 길 먼 끝 보이는 한 점
내가 걸으며 점에 다가간다
저 멀리 더 멀어지는 점
시냇물 소리 졸 졸 졸

흙 길 종착
바람과 삼나무 같이 간다

(2019년 3월 22일)

라일락

정원에 연한 라일락 꽃
라일락 향 온 정원 물들인다
라일락 향 짙게 퍼져 내 옛 추억도 적신다
말없이 찾아온 라일락
봄 알린다

라일락 조용한 색깔
가슴에 퍼진다

아 정녕 봄이 왔구나

라일락이
봄 꿈꾸게 한다
아 기지개 좀 펴자

(2019년 4월 24일)

평론가

評論家
전문적 지식
객관적 직감 소양으로
가치를 잉태한다
전문가 심도 있는 결정 제왕의 판결
전문가 판단
문화를 창조하고 문명의 방향을 선도한다
평론가
문화의 역사를 인도한다
평론가여
객관성의 중심이어야 한다

(2019년 4월 26일)

계절의 여왕

5월은 계절의 여왕
오는 줄도 몰랐는데
이젠 보내야 한다
이른 봄 추위에 진달래 개나리 피고
소리 없이 목련 피고 슬그머니 사라진다
햇볕에 반사한 눈부신 철쭉
벚꽃 피더니 어느덧 꽃 지는구나
라일락 피는 줄 몰랐는데
라일락 향 정원을 가득 메운다
강열한 태양
잠 자던 모란 깨운다
모란 향 어느덧 나를 떠난다
한 잎 두 잎 떨어진 모란꽃 주우며
계절의 여왕
5월을 보낸다

(2019년 5월 22일)

살구

어렸을 때 잠시 살던 죽향리 옛 집
얕은 언덕 올라 큰 대문 넓은 마당
왼쪽 문간방엔 흥영이네
오른쪽 문간방엔 종수네
오른쪽 사랑채 옆 큰 호두 나무 한 그루
왼쪽 큰 대문 둘 지나 안채가 있다
안방 건너 방 사이 넓은 대청마루
안채 뒤 채마 밭
안채 왼쪽 우물 옆 장작 나뭇광
쪽대문 열면 광활한 큰 채마 밭이 전개된다
채마 밭 가운데 천도 복숭아 오른쪽에 큰 감나무
두 그루

채마 밭 담벽에 걸려 있는
승배네 큰 살구나무
이른 여름 이맘 때 아침마다 우리 집 텃밭에
살구가 떨어져 있다

승배가 아침에 주어 갈까
아침 일찍 눈 부비며 쪽문 열고 텃밭에 가도
언제나 승배가 다 주어가 살구는 없다

승배 어머니 잘 익은 살구 몇 개 준다
어찌나 달고 맛있는지 잊혀지지 않는다

초여름 이맘때 마트에 나오는 살구
옛날 살구나무 집 승배네 살구 생각난다

살구, 천방지축 뛰어 놀던 죽향리 옛집

(2019년 6월7일)

소 죽

소죽은 소 먹는 밥
볏짚을 작두로 자른
여물 콩깍지 딩겨 쌀 뜨물도
큰 가마에 넣고 장작불로 오랫동안 푹 끓여 만든다
냄새 구수하고 푸근하다

우리 소는 그런 소죽 아침에 먹고 일하러 가고
저녁 일 터서 오면 걸죽한 소죽 먹고
한 구석에 앉아 고단한 하루
되새김하며 마무리한다

우리 소가 뜨거운 소죽 먹기 좋게 언제나
가마솥 뚜껑 열어 식힌다

언제나 천방지축 까불고 나다니던 나
네 다섯 살 무렵 새로 산 신발 신고
아침 일찍 용구한테 자랑하러 갔다
부엌 부뚜막 올라가 방문 여는데
턱이 너무 높아 발을 헛디뎌

뚜껑 열어 식히고 있는
용구네 큰 소죽 가마솥에
푹 빠졌다
머리 얼굴 손 팔까지 뜨거운 소죽에 익었다

데인 부분 백색 징크 가루로 코팅하고
붕대로 감아 흰 미라로 된 형상
사물 겨우 보는 눈 미음 조금 삼키는 입
사람 인기척 가늘게 듣는 귀
흰 산 송장

죽기 전 마지막 보러 동네 사람들 몰려 온다

어머니 큰어머니 수자 누나 복자 누나 주자 누나
제호 형
화주 할머니 지극정성
작은 노 서방 나 미라 자전거 뒤에 싣고
정거장 병원 다니고

기적이 일어 났다
흉터 하나 없는 지금의 나로

(2019년 6월 10일)

짙은 장미빛

한가한 일요일 오후 뜰을 걷는다
태양 빛 아래 붉은 장미
정열을 내 품는다
이글 이글 끓는 장미 입술
유혹의 눈길인가
장미 빛 향수 불가리아 상징
먼 옛날 불가리아 그 여인
오늘도 정원의 장미
향 피운다

(2019년 6월 16일)

살구 나무

아파트 정원에 서 있는 살구나무 한 그루
윤권이 킥 보드 타고 할아버지와 놀고 있는데
잘 익은 살구 하나 떨어져 깨진다
할아버지 살구 주워 먹어 보니 싱싱하고 맛있다

주위를 둘러보니 잘 익은 살구 즐비하다
어느 누구도 관심이 없다

할아버지 1965년 처음 미국 유학 갔었을 때
교정 기숙사 주변에
탐스럽게 잘 익은 사과 그냥 떨어져 있었다
어느 누구도 관심이 없었다

70여 년이 흘러 옛날 죽향리 살구나무 집
승배네 생각난다
귀한 살구였는데

(2019년 6월 21일)

六月의 聖女

많은 상처 다 보듬고 아끼는 그대는 성녀
추운 겨울 사랑하는 그대는 성녀
따스한 봄볕 기다리며 기다리는 그대 성녀
먼 하늘의 서광 그대에게 다가오고 있다
지친 몸 마음 보살펴 줄 그 영광
그대 성녀에게
제 자리 찾아가는 딸 그대의 희망
꿈에서 깬 아들 총명해지고
초롱 초롱 빛나는 에미
윤권이
언제나 할머니 찾고
가장 많은 시간 같이하는 할머니
그대 선택된 성녀
모든 사랑과 깊은 연민도 다 그대 성녀에게
건강 건강만 하시오

(2019년 6월 27일)

七月의 太陽

칠월의 태양은 여유롭다
철옹성 겨울에서 잠 깨워
신록의 극치를 만들고
한숨 내쉰다
Magnolia 꽃 피우고
풍성한 모란도
정열의 빨간 장미도 피워 냈다
팔월의 기염을 토하고
건강한 나날을 기다린다
칠월의 태양 아래 맞는 생일날
언제나 창조적이고
늘 미래가 기약된 삶
한가히 7월의 태양을 맞으라

(2019년 7월 10일)

階段(계단)

가파른 길에 놓여 있는 계단
계단 따라
한 계단 한 계단
발 옮겨 오른다
미끄러운 길
계단에 몸 실어 움직인다
계단에 의지하며 매일을 연다

긴 계단
둥근 계단
계단의 진리
톱니바퀴도 만들고

인류
계단 오르며
매일 더 현명해진다

(2019년 7월 15일)

삼복 더위

훠이 더위야 물러가라
기운 좀 차리자
오늘 너의 종말 기운이 끊기는 날 末伏
더위 넌 어떻게 모든 걸 그렇게 귀찮게 하니

더위 너는 그러나 사랑의 묘약인지 몰라
띵한 머리에 옛날 일도 기억하게 하고
비지땀 흘리며 일하게 기염도 토하게 하고

너는 마력의 소유자임에 틀림 없어
조용히 앉아 부채질하며
미래 꿈도 꾸게 하고
사랑이 모든 병 치유할 수 있다는 것도 가르쳐 주고
가난도 부자로 만드는 마음을 주고

부채질하는 손 아픈 줄 모른다
오늘이 너의 끝자락 아쉽다

(2019년 8월 11일)

눈썹

검은 눈썹
신뢰감 준다
나이 들어 희미해진 눈썹

2013년 수환이 장가가던 해
박재옥 교수 내 팔 끌고
엄마와 같이
용산 장미 미용실에 들렀다

어색한 내 얼굴
부끄럽기도 하다
시간이 흘러 검은 굵은 눈섭

나의 또 하나의 나

(2019년 8월 20일)

여름은 가고

늦여름 비가 주룩 주룩 내리네
강열했던 계절이 후퇴하는 초라한 모습
늦여름 비 가을을 전하는 심부름꾼

폭서를 휘두르던 여름 그렇게 쉽게 퇴장하나
어제 밤 더워 잠 설쳤는데
아침 산보 길에 서늘한 바람 스쳐간다

막연히 사랑을 기다려 보는 계절 여름
꿈이 이뤄지지 않아 떠나는 여름 아쉽다
폭염은 사랑을 기다리는 인내심의 연마

아침에 스쳐간 그 바람
매일 매일 더 시원해진다
오늘은 비도 내리고 아마 이 비 가을비일 것이야

이젠 그 여름은 간다 영원히
사랑도 함께

(2019년 9월 4일)

폭풍이 지나고

폭풍이 지나간 오늘
몽구와 아침 산보길 나섰다
한적한 길 정적에 쌓였다
나뭇가지 갈궈져 있다
흩어진 나뭇잎
강풍이 할퀴고 간 흔적들
왜 이리 평온한가
시련을 겪고난 후유증
마음의 차분함

운명에 맞설 용기
도전해 오는 역경에 대결

폭풍이 지나간 아침
새 생명의 활력소

(2019년 9월 8일)

코스모스

코스모스 길게 핀 들판
가을의 전령자 코스모스
바람에 가볍게 흔들리고
검소한 색 코스모스
외로움 한 몸에 다 지녀
길 잃은 양 언제나 코스모스 언덕에서 맴돈다

푸르고 드높은 하늘
시냇물 위 떨어진 낙엽 하나
유유히 흐르고
먼 뒷산에서 이름 모를 새 울고

가을을 알리는 풍경들 스치며
코스모스 곁 걸어간다

(2019년 9월 16일)

Euphoria

기뻐 도취한 마음
幸福
수도 꼭지서 떨어지는
물 한 방울 소리
영롱한 쇼팽의 音
Drip Coffee 마지막
한 모금
마지막 詩 한 구절 채운 Ecstasy
I Have a Dream
아침을 연 Melody
I Have a Dream
아침 청소 마지막 걸래질
언제나 행복이 넘친다

(2019년 9월 20일)

가을 이슬

영롱한 이슬 한 방울
난 널 행복이라 이름짓는다
오색 무지개 빛내고
지나치는 나그네
얼굴 비쳐 주고
맑은 마음 심어 준다
이슬 맺힌 날 아침
상쾌한 푸른 가을 하늘
약속해 주고
너를 맞는 나날
가벼운 마음 일어난다
작디 작은 이슬 한 방울
너는 행복이다

(2019년 9월 24일)

오늘

오늘의 이름은 행복
오늘이 있어 행복하다
오늘 아침 신문이 있어 감사하다
오늘 몽구와 걸을 수 있어 고맙다

아침 커피 향 잠 깨운다
아침부터 조잘대는 윤권이
있어 행복하다
열무김치 온갖 나물 고추장 넣은 비빔밥
맛있게 먹을 수 있어 좋다

오늘이 행복이다
어제, 지나간 오늘이라 행복하였다
내일은 없다
늘 오늘만 존재한다

(2019년 10월 5일)

보름달

보름달 내 얼굴을 비춘다
진한 달빛 물결
만져지지 않는 망사포
만물 고요히 잠재우는 보름달 빛
가을 귀뚜라미도 우는 것 잠시 멈추고
정원에 혼자 핀 구절초 외로움 달랜다
적막한 정원에서
기러기 지나가 나 혼자 지켜본다
보름달 빛 맞으며

(2019년 10월 13일)

나뭇잎 鄕愁

나뭇잎 봉우리
겨울 종막의 書翰
희망의 영상

무럭 무럭 자라는 새싹
세월의 보람
여름 우거진 녹음
여유로운 마음으로
녹음 짙은 그늘 아래
한가로이 매미소리 듣는다

단풍나무 홍엽
노란 은행나무
떡갈나무 갈색
젊음의 鄕愁 나뭇잎

낙엽 하나 주어
나무잎 반추한다

(2019년 11월 12일)

구름 다리

구름다리
꿈의 다리
구름다리 타고 하늘에 가고파
구름 위 미지의 세계
보고파
오늘의 날 언제나
살고파
언제나 꿈을
갖고파

구름다리 꿈의 세계
구름다리 환상의 행복

(2019년 11월 22일)

낙엽 길

낙엽 길 걷는다
쌓인 낙엽 과거의 축적
낙엽 길 한 발짝 한 발짝
과거의 回想
희노애락 반추한다

희열의 순간도
비극의 찰라도
인생의 無常함도

삶의 意義도
행복의 느낌도

낙엽 위 걷는다
또 걷는다
길 없는 데까지
영원히

(2019년 11월 24일)

흙 마당

흙 마당 밟는다
흙 밟는 발의 촉감 지구의 원시적 감각
흙 마당을 밟고 자란 생활
진화한 Pavement 세계 감정을 잃는다

오늘 전주 한옥마을 마당
흙 마당 밟는다
자연으로 회귀 편안한 안도감

흙 마당
마부리 치고 놀던 곳
맨발로 다니던 곳
돌부리에 채여 상처 나던 곳
모든 것이 그립다

마음껏 밟는다 흙 마당
옛 추억 잊지 않으려

(2019년 11월 26일)

포용

포용은 마음을 여는 것
마음을 여니 세상이 아름답다

(2019년 12월 22일)

2019 Gala Concert

Prima Donna 김현경 Gala Concert
떠나는 2019년
호화롭게 장식한다
Verdi La Traviata 가슴을 울린다
비올라의 고운 선율인가
트럼펫의 정열인가
Soprano 김현경 진정한 예술인

헤어지기 아쉬워
능라도 평양냉면 뒤풀이
달궈 놓은 마음
식혀 준다

헤어지기 아쉬워
도래미 까페에서
밤샘 얘기 꽃피운다

김현경의 Gala Concert
2019년을 아름답게 떠나보낸다

(2019년 12월 28일)

끝맺음

이렇게 내 시집의 이름 정죽시집 2를 출판한다.
옛날에 적어둔 몇 줄의 글을 읽으며
이런 감정의 내가 있었나
이렇게 지낸 시간이 있었나
더 젊었던 4년 전 나를 바라본다.
순간순간 윤권이를 바라보던 나
매일의 생활에 겪는 나를 보며
옛날의 추억에 도취 된 나를 다시보며
끝맺음 글을 써야 하나!
계속 흐르는 시간과 같이 가고 싶은데….

저자 소개

晶竹(정죽)
충북 옥천 출생
공학 박사

晶竹詩集2

인　쇄 2024년 5월 28일
발　행 2024년 5월 30일
저　자 晶竹
발행처 한림원출판사
주　소 서울특별시 중구 퇴계로51길 20, 12층
전　화 02-2273-4201
편집·인쇄 한림원(주) http://www.hanrimwon.com